Christina Kunz

Elementarteilchen

Paralleluniversen auf Papier

Lyrik und Kurzprosa

Bibliografische Information der Deutschen
Nationalbibliothek: Die Deutsche
Nationalbibliothek verzeichnet diese Publikation in
der Deutschen Nationalbibliografie; detaillierte
bibliografische Daten sind im Internet über
dnb.dnb.de abrufbar.

© 2019 Christina Kunz

Herstellung und Verlag: BoD – Books on Demand,
Norderstedt

ISBN: 9783750401198

Für Pip

Die Autorin

Christina Kunz wurde 1972 in Hanau geboren. Sie hat Germanistik und Mathematik auf Lehramt in Frankfurt studiert und arbeitet in Seligenstadt, wo sie mit ihren Söhnen auch lebt. Sie ist Mitglied in der Autorenvereinigung *Skriptorium Seligenstadt* und hat in der Schule die *Schreibwerkstatt* gegründet. Neben dem Schreiben gilt ihre große Leidenschaft der Musik, unter anderem spielt sie Querflöte im Orchester.

Weitere Werke:

Das Erbe von Grüenlant. Fantasy-Reihe, erschienen 2018 im mainbook Verlag

Veröffentlichungen im Literatur-Journal *Schreibtisch* des Verlags edition federleicht

www.christinakunz.de

Elementarteilchen

Das erste Mal begegnete er mir in der S-Bahn.
Ich starrte gerade aus dem Fenster und beobachtete die Regentropfen, die von unten nach oben in einem Winkel von 45° an der Fensterscheibe entlangwanderten, Linien und Muster bildeten und verzweifelt versuchten, den Gesetzen der Gravitation zu folgen, sich dem durch die Geschwindigkeit der S-Bahn erzeugten Druck entgegenzusetzen und nach unten zu laufen. Mein Gesicht spiegelte sich schwach in der Fensterscheibe und wurde durchzogen von diesen Linien, die zugleich chaotisch und geordnet erschienen.
Da fiel mein Blick auf ihn.
Er saß mir gegenüber, seine wirren dunklen Haare hingen ihm ins Gesicht mit dem Dreitagebart und seine hellen blauen Augen waren konzentriert auf ein Buch gerichtet, welches er auf den Knien liegen hatte. Mit seinen langen schlanken Fingern blätterte er hin und wieder eine Seite um. Seine Kleidung, ein weißes Hemd, darüber ein dunkelblaues Sakko und eine saubere Blue-Jeans, wollte so gar nicht zu seinen schmuddeligen, ehemals weißen Nike-Turnschuhen passen.
Neugierig versuchte ich den Inhalt seines Buches zu entziffern.
Quantenphysik.
Anscheinend hatte er meinen voyeuristischen Blick bemerkt, denn er hob den Kopf und sah mich mit ausdrucksstarken Augen durchdringend an. Er lächelte.
Ob ich mich für Quantenphysik interessiere?

Er schien alles zu wissen und hielt mir einen Vortrag über die Elementarteilchen; Quarks, Baryonen, Mesonen und Bosonen und wie sie alle hießen, von den 26 Dimensionen, die uns umgaben und von Paralleluniversen aus Antiteilchen.
Ich nickte.
Mit Paralleluniversen kannte ich mich aus.
Meine Paralleluniversen aber standen in Bücherregalen an der Wand, sie füllten Heft um Heft und Ordner um Ordner, sie beanspruchten Speicherplatz auf meinem PC und schwirrten mir tagtäglich durch den Kopf.

Von da an begegnete er mir häufiger.
Ich sah ihn hilflos vor dem Fahrkartenautomaten stehen. Er wusste alles über die physikalischen Gesetze, aber nichts über das Leben. Er weckte meinen mütterlichen Instinkt.
Ich verliebte mich in ihn.
Schließlich genügte ein Blick in seine hellen blauen Augen, um mich alles um mich herum vergessen zu lassen.
Elementarteilchen.
Er, ich.
Quark, Antiquark. Eine Einheit.
Elementar.
Perfekt.

Seufzend lege ich den Füllfederhalter zur Seite und starre auf die voll beschriebene Seite, aus der mir sein so vertrautes Gesicht entgegenlacht. Ich streiche sanft über das Papier und fühle seine weiche Haut unter meiner Hand.

Die Regentropfen klatschen ans Fenster meines Zimmers, die Gravitation lässt sie senkrecht nach unten laufen.
Mit Paralleluniversen kenne ich mich aus.

Liebe und andere Katastrophen

Minnelied, morgens um 6

Schmetterling am Wegesrand
schillernd bunt, auf viele Weisen,
setze dich auf meine Hand,
berichte mir von deinen Reisen!

Erzähle mir von grünen Almen,
von Enzian und klaren Bächen,
wo die Brennereien qualmen,
von schroffen Felsen, Eisschneeflächen.

Flieg weiter, fliege hoch und weit
bis hin zum Mond, der scheint dort voll,
flieg los und sage ihm Bescheid,
ich kann nicht schlafen, wie ich soll.

Mein Schatz ist fort, in weiter Ferne,
so zaudre nicht und finde ihn!
Dann richt' ihm aus, ich hab' ihn gerne,
mein Herz ist schwer, die Ruh' ist hin.

Sein Blick, sein Kuss, mein ganzes Glück,
ihn nicht zu haben eine Qual.
Ach bitte, bring' ihn mir zurück!
Dann danke ich dir tausendmal.

Blaues Wunder

Ich war immer kreuzbrav, war nett, lieb und gut,
in der Schule gab's nie einen Blauen Brief.
Zu bösen Taten fehlte mir Mut,
ich war immer pünktlich, weil ich niemals
verschlief.

Doch irgendwas fehlte, ich war stets auf der Jagd
nach der Blauen Blume, sollt' es die geben,
und eines Tages, das sei gesagt,
würd' ich mein Blaues Wunder erleben!

-

Als ich dich seh, trifft mich der Schlag!
Ich weiß sofort, dass ich dich mag!
Blaue Augen, tief wie das Meer,
Adonis in Blue Jeans, ich kann nicht mehr!
- Zwar trägst du ein Trikot von Schalke 04 -
egal, komm her und tanz' Blues mit mir!

Blauäugig lass' ich mich auf dich ein.
Das Leben kann so angenehm sein!
Wir hängen den Blaumann an die Wand,
machen blau und bereisen das ganze Land.
Wie Käpt'n Blaubär segeln wir über's Meer,
auf dem Blauen Planeten hin und her,
in die Blaue Lagune, zu den Blauen Bergen,
begegnen den Schlümpfen und den Sieben
Zwergen.

Du holst mir die Sterne vom Himmel!

Wir essen Käse mit Blauschimmel,
vom Rotwein haben wir blaue Zungen,
vom blauen Dunst bald Raucherlungen.
Mit Blaulicht auf der Achterbahn -

er endet jäh, der süße Wahn.

Denn mir wird klar, dass du mich betrügst,
dass du nur das Blaue vom Himmel lügst!
Und dass ich das schnellstens beenden muss…
Ich fang' an zu heulen, ich kriege den Blues!
Es muss sein, sagt mein Verstand, der ist schlau!
Doch das Herz zerbricht, und es wird alles

grau.

Deine Augen

In deinen braunen Augen kann ich nicht versinken.
Versinken ist etwas Schreckliches.
Man verliert die Luft zum Atmen.
Man ist hilflos.
Man stirbt.

In blauen Augen bin ich versunken.
Ich ließ mich treiben.
Umspült von warmem Wasser,
unbemerkt immer weiter versinkend.
Die Luft zum Atmen wurde knapp
Ich ließ mich weiter treiben
in der Hoffnung, mir würden Kiemen wachsen.
Kurz vor dem Ertrinken
habe ich mich freigestrampelt
mit enormer Kraftanstrengung.

Atmen!
Leben!
Frei sein!

In deinen braunen Augen kann ich nicht versinken.
Ich wärme mich an ihnen.
Ich schaue in dein Innerstes
und zeige ihnen meines.

DU gibst mir Luft zum Atmen.

DU liebst mich lebendig.

So net!

Du weißt nicht, was du mir getan!
Am Anfang gingen wir zum Tanze,
ich dachte gleich an ´ne Romanze,
jetzt schau mich einmal an:

Ein Schatten meiner Selbst bin ich!
Ich esse kaum und schlafe schlecht,
auch sonst ist mir nicht vieles recht,
ich denke nur an dich.

Mein Lieber, so war's nicht gedacht!
Du hast mich ganz schön schwach gemacht,
doch jetzt ist damit Schluss!

Ich pfeife auf dein halbes Herz
und nehm' in Kauf den ganzen Schmerz,
weil ich mich retten muss.

Der perfekte Mann

Was mich an Männern interessiert
das sag' ich euch jetzt ungeniert!

Ich wär ja gern ein gutes Vorbild -
bescheiden, tugendhaft und mild.
Denn was zählt, sind inn're Werte,
so Psychologen und Gelehrte.

Ist er zuvorkommend und nett,
will nicht beim ersten Date in's Bett,
hängt er gebannt an deinen Lippen,
am Bierglas kann er höchstens nippen,
Fußball ist ihm scheißegal
dafür baut er dir ein Regal,
und ist dein Wunsch auch noch so vage
er erfüllt ihn – keine Frage!
Er bringt dir jede Woche Pflanzen
und steht nicht auf so Emanzen,
ruft er dich jeden Abend an,
so ist er der perfekte Mann!

Doch leider muss ich protestieren
und diese Weisheit dementieren.

Denn das, wonach ICH gerne schau
ist nun einmal der Körperbau!
Ist er lustig, kann er lachen
und verrückte Dinge machen?
Ist er fit, kann er schnell laufen
und mir ein bisschen Luxus kaufen?

Das Wichtigste von allen Dingen:
Fährt er ein Auto mit vier Ringen?
Nicht so `nen Kombi oder Van!
Sportlich, schnell und sehr modern!
Und lässt er mich gar mal ans Steuer
dann ist er mir besonders teuer.

Konditionalgefühle

Dein Duft.
Tausendmal gerochen.
Nichts passiert.

Deine Worte.
Tausendmal geflirtet.
Nichts passiert.

Dein Körper.
Tausendmal umarmt.
Nichts passiert.

Du zum Tausendundersten.
Einmal zu viel.
Alles ist möglich!

Wenn du, dann ich.
Wenn ich, dann du.
Konditionalgefühle.

Ein Liebesgedicht?

Ich bin so frei! Unabhängig und allein!
Keine Verpflichtung, so muss es sein!
Ich lebe mein Leben, bin viel außer Haus.
Partys und Feiern – lasse kaum eine aus!

Die Tür geht auf, du kommst herein -
ich werd' verrückt - das kann nicht sein!
Der schlaflose Traum meiner Nächte,
Wahnsinn vom andern Geschlechte!

Wie geht das? Wo bin ich? Grad war ich noch
hier...
Da oben ist unten, was machst du mit mir?
Dein Blick und ein Knallfrosch in mir explodiert -
dein Lächeln – zu spät, jetzt ist es passiert -

Was sagst du? Was redest du? Ich hör dir zu.
Worum geht es? Ich seh dich – nur du, du und du!

Ich kann den Blick nicht von dir wenden!
Wirst du mir noch ein Lächeln spenden?
So lieblich dein Mund! - Mein Gott, was 'ne
Sprache!
Was tust du mit mir? Komm endlich zur Sache!

Ja wie jetzt – du gehst? Was soll der Quatsch?
Mein Hirn verdreht, der Magen Matsch,
so steh ich da und schau dir nach -

Verstand versiegt, Vernunft liegt brach.

Mein Smartphone whatsappt grün, orangener
Punkt – DU?
Herzklopfen, Zittern, langsam wischen – puh,
geschafft! Du mich, ich es, doch nein,
wirklich jedem - nur nicht dir - fiel was ein!

Schreib ich halt dir? Oder tu ich's nicht?
Warum übt mein Verstand Verzicht?
Wo führt das hin, wo kam das her?
Woher, wohin, ich weiß nicht mehr…

Leeres Hirn, volles Herz,
voller Kopf, voller Schmerz.
(Herz-Schmerz, der Reim muss einfach sein,
gehört in ein irres-wirres Liebesgedicht nunmal
rein…)
Ist es das – ein *Liebes*gedicht? -
Lieb ich dich denn? - Ich glaube - nicht…

Bin dir verfallen, durch die Mangel gedreht,
der Verstand schüttelt den Kopf, das Herz versteht.

Und während ich mich hier so quäle
tagein, tagaus nur Mist erzähle,
du musst verstehn,
aus Eins mach Zehn,
und Zehn ist keins,
das ist das Hexeneinmaleins,
jaja, verhext, so könnt' mans sagen
muss ich mich durch das Leben plagen -

da sitzt *du* fröhlich lächelnd da,
du chillst, whatsappst, mal hier, mal da,
nur nicht bei mir, denn – wer ist die?
War nett, ach ja, doch mehr war nie…

Was hat die sich dabei gedacht?
- Gedacht?!? Bei mir hat's „Zoom!" gemacht! -

- Schau, *das* hast du aus mir gemacht -
Verstand und Herz total verkracht.
Der eine hüh, das andre hott,
besser, ich vergäße dich flott!
(Man nennt es auch Konjunktiv irrealis…:
Vergäße, würde vergessen...) - Vergiss!

Doch wie? - Futur II flüstert mir hoffnungsvoll ein:
„Eines Tages werde ich über dich
hinweggekommen sein!"

Spätlese

Sie hatte ihn sofort erkannt. Dabei hatte sie sich noch an die irre Hoffnung geklammert, sie könne sich geirrt haben, die Rose sei für eine andere bestimmt, die gleich um die Ecke käme und ihm um den Hals fallen würde, aber es war eindeutig der Mensch von den Fotos...
Dann hatte sie die Nachricht erhalten.
„Bin am Treffpunkt. Gelbes Hemd, Rose."
Nun ja. Jetzt war sie hier. Vielleicht war er ja ganz unterhaltsam.

Die Hoffnung zerschlug sich schnell, als er den Mund aufmachte. Ein fürchterlicher Dialekt, wie sollte sie das nur den ganzen Abend lang aushalten! Verzweifelt sah sie auf die Uhr.

Er hatte ein teures Restaurant ausgewählt, selbstverständlich bezahle er die Rechnung, stellte er gleich zu Beginn klar. Beiläufig legte er seinen Porsche-Schlüssel auf den Tisch.
Er fragte, was sie trinken wolle.
Vielleicht war Alkohol die Lösung.
Wein, antwortete sie.
Natürlich bestellte er eine Spätlese, Prädikat besonders wertvoll.
Sie musste lachen ob der Ironie.
Hier saß sie, Prädikat besonders wertvoll, auf der Suche nach einer Spätlese, gut gereift und schmackhaft.
Zumindest war es der Wein, und während er ihr von seiner Ex-Frau erzählte, die ihn völlig unver-

ständlicherweise verlassen habe, trank sie das erste Glas.

Essen könne er leider nicht viel, da er gerade eine Melonendiät mache. Er hoffe, sie könne das verzeihen.

Sie strich in Gedanken die Penne und bestellte schweren Herzens einen Salat.

Das zweite Glas.

Dann begann er das Verhör. Beruf? Familie? Zukunftspläne?

Sie antwortete vage, denn das ging ihn nun wirklich nichts an! Er war schließlich nicht die Spätlese, auf die sie gehofft hatte, allenfalls saurer Riesling, der ihr schon auf den Magen schlug.

Sie gab vor, zur Toilette zu müssen. Dort holte sie tief Luft.

Dann ging sie nach oben, legte die Hälfte des Geldes für die Rechnung neben ihren unberührten Salat und verließ wortlos das Restaurant.

Nur ein einziger Tanz

Ratlos stand er vor der Tür des grauverputzten Mehrfamilienhauses. Ihr Name stand auf dem Klingelschild. Schwarze Lettern unter durchsichtigem Plastik. Er starrte darauf. Da stand er, immer noch, groß und deutlich. So wie er es auch schon vor zehn Minuten getan hatte, als er das erste Mal danach gesucht hatte.
Vielleicht habe ich mich ja geirrt, hatte er gedacht.
Er hatte die Angst gespürt, die sich anfangs in seinem Magen ausgebreitet hatte, diesen sich langsam verknoten ließ. Der Knoten war immer größer geworden, bis er ihm schließlich das Atmen schwer machte.
In kurzen Stößen blies er kleine Wölkchen in die kalte Luft.
Er hatte Angst gehabt vor dieser Angst.
Er hatte gewusst, dass sie kommen würde. Jedoch hatte er nicht mit dieser Intensität gerechnet.
Sein Blick wanderte nach oben, zu den Fenstern im zweiten Stock. Dort musste sie wohnen.
Wieder sah er auf das Klingelschild. Ihr Name stand noch da.
Die Angst war höher gewandert. Jetzt schnürte sie ihm die Kehle zu.
Was sollte er ihr sagen?
Er blies in seine kalten Hände. Der warme Atem ließ seine Finger kribbeln.
Er zitterte.
Fror er? Er wusste es nicht.
Er schloss die Augen.
Er sah ihr lachendes Gesicht vor sich. Ihre strahlenden blauen Augen, die ihn hatten vergessen

lassen, wie einsam er gewesen war, an diesem Abend.

Er hörte die Musik in seinem Ohr, das Pochen des Vierviertaltaktes, der von seinen Beinen Besitz ergriff und ihn mitriss, an diesem Abend, in dieser Nacht.

Er fühlte den Bass, das rhythmische Dröhnen, mehr ein Gefühl als ein Geräusch, welches ihn durchschüttelte und sich vergessen ließ, nur ihre Augen hielten ihn fest, an diesem Abend, in dieser Nacht, während dieses Tanzes.

Er spürte sein Herz klopfen und sein Blut rauschen. Er riss die Augen auf. Er spürte die Kälte wieder, die seine Beine hatte steif werden lassen.

Was sollte er tun?

Sein Finger näherte sich dem Klingelknopf.

Er hatte Angst davor, dass sie ihn auslachen würde. Was er sich dabei gedacht habe, bei ihr aufzutauchen? Es sei doch nur ein einziger Tanz gewesen!

Er hatte Angst davor, dass ihre Augen ihn wieder anstrahlen würden, erwartungsvoll, in der Hoffnung, von ihm geküsst zu werden.

Warum hatte er es nicht gleich getan, an diesem Abend, in dieser Nacht?

Er zog den Finger zurück.

Früher, da war er mutiger gewesen. Da hätte er einfach geklingelt, hätte sie angelacht und wenn sie nein gesagt hätte, dann hätte er es humorvoll genommen und ihr mit einem flotten Spruch geantwortet, er hätte sich umgedreht und wäre pfeifend die Treppe nach unten gegangen. Im Auto hätte er vielleicht noch einmal wütend und enttäuscht auf's Lenkrad geschlagen, einmal, zweimal, dann hätte er den Motor gestartet, den Gang eingelegt und wäre nach Hause gefahren.

Nein, falsch, früher hätte er sie gleich geküsst, nach diesem Tanz, während dieses Tanzes, im Rhythmus des Basses, der sein Blut pulsieren ließ.

Aber früher war er auch noch jünger gewesen. Ohne all die bitteren Erfahrungen, die ihn geprägt hatten, die ihm diese Bedenken, diese Angst eingepflanzt hatten, die sie hatten wachsen lassen mit jeder Enttäuschung, die dazugekommen war.

Und früher, da war auch sie jünger gewesen, ohne all diese Erfahrungen, die sie hatten vorsichtiger werden lassen, die sie nicht über einen verheißungsvollen Blick hatten hinausgehen lassen, eine Bitte auf ein Wiedersehen, eine Hoffnung vielleicht?

Und jetzt war er hier.

Was würde sie tun?

Vielleicht war der Blick ja nicht verheißungsvoll gewesen, vielleicht bildete er sich das nur ein. Vielleicht hatte sie den Abend, den Tanz nur genossen, eine Ablenkung, eine willkommene Abwechslung zu ihrem Alltag, nicht mehr.

So oder so, seine Angst würde ihn lächerlich machen.

Vor ihr.

Er würde es falsch machen.

Die Angst vor der erwarteten Enttäuschung ließ ihn schließlich umdrehen. Oder war es die Angst davor, dass sie ihn geheimnisvoll lächelnd hineinbitten würde?

Nein, es war die Angst vor der Angst, die ins Unermessliche wachsen würde, wenn sie erst vor ihm stehen und ihn neugierig ansehen würde. Diese Angst, etwas Falsches zu tun, zu sagen. Diese würde ihn stumm machen, ihn zur Witzfigur machen, vor ihr.

Da war es besser, sie dachte einfach, er habe kein Interesse an ihr. Es war ja schließlich nur ein einziger Tanz gewesen.

Auf wackeligen Beinen schwankte er davon, weg von ihr, weg von diesem Klingelknopf, weg von seiner Angst.

Er bemerkte nicht, dass ein Paar blauer Augen ihm nachschaute, aus dem dunklen Fenster im zweiten Stock, deren Strahlen mehr und mehr erlosch, mit jedem Schritt, den er sich von ihm entfernte.

Durch die Jahreszeiten

Frühling im Klostergarten – eine Parkbank erzählt

Kaum werden die Tage wieder länger und die Luft wärmer, werde ich aus meinem dunklen Wintergefängnis geholt und auf meinen üblichen Platz gestellt. Wo im Winter nur zwei Platten meine sommerliche Anwesenheit vermuten ließen, glänze ich nun wieder, frisch geweißelt, vor den Rosenrabatten am Tor an der Ostseite. Freilich ist jetzt, an den ersten Frühlingstagen, von den Rosen noch nicht viel zu sehen, aber bald werden sie wieder prächtig blühen und Gartenliebhaber und Liebende anlocken.

Es hat nicht lange gedauert - jeden Tag entdeckte ich mehr Knospen, mehr scheue Blüten, und nun ist der Garten bereits bunt, Tulpen und Veilchen erstrahlen in Rot und Blau, Weiß und Gelb, gesäumt von Narzissenfeldern. Auch die Birnbäume blühen schon zaghaft zart und weiß, während die Apfelbäumchen auf sich warten lassen. Noch entfalten die Blumen verhalten ihren Duft, beschränken sich darauf, durch ihre Farbenpracht zu erfreuen, aber bald wird der Garten berauscht sein von Wohlgerüchen, die den Bienen der Klosterimkerei wie ein Schlaraffenland erscheinen müssen.

Wie jeden Morgen erscheinen die Gärtner in ihren dunkelgrünen Pullovern, ein muskulöser junger Mann mit Brille und eine zierliche Frau mit blondem Zopf, die jedoch anzupacken weiß. Sie nutzen die Zeit, in der noch nicht viele Besucher durch den

Garten schlendern, parken ihre Schubkarre und ihre Werkzeuge mitten auf dem Weg, noch stört sich niemand daran. Eifrig reparieren sie die Rabatten, damit die Rosen sich später daran emporhangeln können, sie lockern die Erde auf und schneiden welke Äste ab, die den Winter nicht überstanden haben.

Nun kommt Leben in den Garten. Viele Menschen essen Eis, machen Fotos, Großeltern mit Enkeln. Ein älteres Paar bittet eine kleine grauhaarige Frau mit spitzem Gesicht um ein Foto. Es positioniert sich vor dem Brunnen, die Basilika und den blauen Himmel im Hintergrund, und strahlt mit den Tulpen um die Wette. Endlich erreichen auch mich die ersten Sonnenstrahlen und ich genieße die Wärme.

Ein Pärchen kommt des Weges. Ist es ein Pärchen? Ich kenne die beiden nicht, sie sind neu hier bei mir. Ich beobachte sie. Nein, das ist noch kein Pärchen, ein Paar in Entwicklung, würde ich sagen. Sie suchen sich mich aus für ihre Metamorphose. Die beiden sind schon etwas älter, aber es gibt Dinge, die ändern sich nie. Oder doch? Sie lachen und necken sich, sind übertrieben albern und rücken immer näher zusammen, wie zwei Teenager. Ich erschrecke über die plötzliche Stille, denn ohne Vorwarnung hat er ihre Hand ergriffen und sie geküsst. Nun, das wird dauern. Und so ist es. Sie werden wiederkommen, hierher, zu mir, wo alles begann. Sie schlendern Arm in Arm davon.

Sie sind nicht lange weg, da wird es turbulent. Eine Kindergartengruppe tobt durch den Garten. Die Kinder freuen sich über das schöne Wetter, sie genießen es, sich endlich wieder draußen bewegen zu können. Sie spielen Fangen auf den schmalen Wegen, bis die Erzieherin sie ermahnt. Dann ruft sie

alle zusammen, zu mir, und voller Stolz registriere
ich, dass ich dazu bestimmt bin, als Kulisse für ein
Gruppenfoto zu dienen. Nicht die stolze Basilika,
die mich von der Westseite her immer von oben
herab anschaut, als hätte ich nichts zu bieten. Nicht
die Abtei mit ihrer weiß gestrichenen Fassade, deren
Fenster in Reih und Glied mich immer daran
erinnern, dass „Ora et labora!" das Motto des
Lebens sei und nicht die Ruhe und Muße, die ich
verspreche. Nicht die Orangerie mit ihrer geschwun-
genen Fensterfront, die das ganze Jahr über Wärme
verspricht und auch nicht der Brunnen, der
gleichzeitig mit meinem Erscheinen seine schwarze
Plane abgelegt hat und nun fröhlich vor sich hin-
plätschert. Nein, ich, die unscheinbare Bank, eigne
mich am besten dazu, eine Horde Kinder zu
versammeln und zu verewigen. Das macht mich
stolz.
Eine Weile bleibe ich allein, genieße es, wie die
Sonnenstrahlen mich wärmen und langsam an
Intensität zunehmen.
Am Nachmittag und in den frühen Abendstunden
ist viel los hier im Klostergarten, vor allem, wenn das
Wetter schön ist. Die Menschen versorgen sich in
den nahegelegenen Eisdielen und schlendern dann
hier herum, um das Wetter und die Blütenpracht zu
genießen. Es ist ein Kommen und Gehen.
Ein junges Paar setzt sich zaghaft hin. Ich kenne die
beiden noch vom letzten Jahr. Da haben sie oft den
ganzen Nachmittag hier gesessen und sich unauf-
hörlich geküsst und liebkost. Auch das hat bei mir
seinen Anfang genommen. Das Mädchen ist hübsch,
sehr blass, und seine langen blonden Haare bewegen
sich leicht in der frühlingshaften Brise. Die großen
blauen Augen sind traurig auf den schlaksigen

jungen Mann gerichtet, der neben ihm sitzt und nicht recht weiß, wohin mit seinen Händen. Betreten knetet er seine Finger, um ihm dann zu gestehen, dass er glaube, sie passten nicht recht zusammen und dass er seine Freiheit brauche. Er fühle sich eingeengt und auch eigentlich noch viel zu jung für eine Beziehung. Eine Träne rollt über das glatte traurige Gesicht des Mädchens, es entgegnet nichts, sieht ihn nur an, und er redet immer weiter, bis er schließlich aufsteht und geht. Es bleibt allein zurück, und als er aus seinem Blickfeld verschwunden ist, fängt es bitterlich an zu weinen. Ich würde das Mädchen gerne trösten, aber ich kann nur stumm dastehen und ihm Halt geben. Irgendwann steht es auf, steht noch eine Weile verloren im Garten, und die aufkeimenden Knospen, der blaue Himmel und die Sonnenstrahlen wirken wie ein scharfer Kontrast zu seiner düsteren Stimmung. Schließlich geht es mit hängenden Schultern, und ich weiß, dass ich die junge Frau nie wieder sehen werde, denn ich werde in ihrer Erinnerung für immer mit dem jungen Mann und seinen Küssen und seinem Abschied und ihrer Trauer verknüpft sein.

Ich bin froh, dass eine Zeit lang niemand kommt, denn ich trauere mit dem Mädchen und um die beiden. Ich hatte sie gern, alle beide.

Die Sonnenstrahlen werden länger, die Luft wird kühler, es wird Abend. Der Garten schließt bei Einbruch der Dunkelheit. Ein bisschen Zeit bleibt noch.

Schließlich kommt noch er, mein langjähriger Freund, er kommt immer als letztes und geht, kurz bevor der Garten schließt. Früher war er mit seiner Frau da. Es war eine tragische Geschichte. Sie starb ein Jahr lang. Sie saßen hier, in der Sonne, als sie ihm von ihrer Diagnose erzählt hat. Bald darauf kamen sie nicht mehr. Irgendwann erschien er allein. Sein Blick hatte sich verändert. Seine früher so strahlenden Augen waren stumpf geworden, seine Lachfältchen tiefen Krähenfüßen gewichen und seine einst braunen Haare ergraut. Er schien um Jahre gealtert, und doch war es kein ganzes Jahr her gewesen. Selbst seine Kleidung schien gealtert. Er schließt die Augen. Er erinnert sich an sie. Wenn er hier ist, bei mir, dann ist es fast so, als wäre sie da. Als es fast dunkel ist, schlurft er davon. Er hat etwas liegenlassen, für sie. Eine rote Rose. Wie immer.

Der Garten wird geschlossen.

Das ist gut so, das hat seinen Grund.

Denn jetzt erwachen die Seelen.

Zuerst erscheint sie. Ungeduldig lässt sie sich auf mir nieder und greift zärtlich nach der Rose.

Manche Dinge dauern ewig.

Mit dir

Mit dir
auf schmalen Graden wandern
Geröll unter den Füßen
die Morgensonne im Nacken
den Tag begrüßen.

Mit dir
die saubere Luft atmen
blauer Himmel über uns
Gemsen als Begleiter
die Freiheit genießen.

Mit dir
über blühende Bergwiesen laufen
Gras unter den Füßen
Enzian und Edelweiß
das Leben auskosten.

Mit dir
über tiefe Abgründe klettern
in gegenseitigem Vertrauen
Stütze und Halt
du und ich.

Herbst

Herbst-
Sonnenstrahl im Dunkeln
wie meine Gedanken
an dich.

Herbst-
Wind auf den Feldern
wie meine Sehnsucht
nach dir.

Herbst-
Nebel in den Senken
wie meine Erinnerung
an dich.

Herbst-
Laub fällt zur Erde
wie meine Tränen
um dich.

Herbst-
Raureif gefriert
wie meine Gefühle
für dich.

Begegnung mit einem Vampir

Dräuende Dämmerung, dunkle Dämonen
Nachtschwarzer Albtraum – wirst du mich
schonen?
Schwarz ist dein Blick, unergründlich und tief
ziehst mich hinein, mein Geist, den ich rief!

Verlier mich in dir, gnadenlos, unbedingt
brennend Begierde, die alles verschlingt
blutroter Kuss, saugst mich aus, lass mich gehn!
Deine Natur lässt du mich nicht verstehn.

Entfesselter Kampf, Flucht vor dem Licht
glühendes Gelb verbrennt dich, doch nicht mich.
Halte mich, fasse mich, lass mich nicht los

verwehte Erinnerung,

Asche -

Mythos.

Winter

Im Winter hab' ich dich gefunden,
weiß war der Schnee und glatt das Eis.
Es dauerte nur sieben Stunden,
dann wurd' es dir und mir ganz heiß.

Im Frühling hab' ich dich verloren,
bunt war'n die Wiesen, grün der Wald.
Alles schien wie neu geboren,
und in mir wurd's bitter kalt.

Philosophisches

Aphorismen

Die Unendlichkeit des Glücks besteht in der Konservierung der glücklichen Augenblicke in der Erinnerung.

Die private Unendlichkeit ist die Summe aller erinnerungswürdigen Gedanken und Gefühle.

Glück widerfährt einem nicht, Glück ist ein aktives Erlebnis der Sinne.

Zum Glück gehört Unglück. Nichts existiert ohne seinen Gegenpart. Nur wer in der Lage ist, Glück zu erleben, der kann auch unglücklich sein. Alles andere ist Verbitterung, Schmerz und Neid – aber kein Unglück.

Die Hölle ist die Summe aller vergebenen Möglichkeiten am Ende des Lebens ohne die Hoffnung auf eine letzte Chance.

Die Entstehung der Menschheit – geniale Berechnung mit Vorzeichenfehler?

Wenn es Gott gibt, so ist er in uns, in der Natur und in der unendlichen Schönheit des Kosmos, Schöpfer und Geschöpf zugleich. Wäre das nicht so, so wäre der einzelne Mensch nur eine unbedeutende Figur im großen Schauspiel der Evolution.

Der Sinn des Lebens besteht im Beweis der Sinnlosigkeit der eigenen Existenz.

Gott ist ein genialer Mathematiker.

Zufall ist nichts, worüber man staunen müsste, sondern nur das Produkt der Variablen, die das Dasein bis zu diesem einen zufälligen Augenblick bestimmt haben. Zufall ist die Zuordnung, der Zu-Fall der Variablen zum Augenblick.

Die größte Stärke ist die Schwäche, Regeln dann zu brechen, wenn es notwendig ist, um glücklich zu sein.

Was würde es dem Menschen nützen, die Zukunft zu berechnen? - Nichts. - Der Mensch in seiner beschränkten Sichtweise ist für dieses Wissen nicht angelegt und würde es letztendlich dazu gebrauchen, die Welt, sich selbst und damit die Zukunft endgültig zu vernichten.

Raumgedanken

Wir leben in einem dreidimensionalen Raum. Wir gehen vor und zurück, schauen nach rechts und links und ändern vielleicht auch unsere Richtung, wir wissen, wo oben und unten ist.

Meistens jedenfalls.

Manchmal verlieren wir uns. Die Orientierung kommt uns abhanden, es geht plötzlich nur noch in eine Richtung oder wir verharren gar auf der Stelle. Dann sind wir ein isolierter Punkt, eine Singularität, die nur auf sich selbst fixiert ist. Nulldimensional.

Denn zum Schaffen von Relationen bräuchte man zumindest eine Verbindungsstrecke, die erste Dimension.

Manchmal denken wir auch eindimensional. Wir sehen nur, was direkt vor- und hinter uns liegt. Wir schauen nicht über den Tellerrand. Dazu bräuchte es eine zweite Dimension.

Manchmal sind wir auch oberflächlich. Wir denken nicht in die Höhe oder Tiefe, geben unseren Gedanken keinen Raum. Wir nutzen die dritte Dimension des uns umgebenden Raumes nicht.

Dennoch – in diesem dreidimensionalen Raum können wir uns einigermaßen sicher bewegen und Dinge benennen.

Ein eindimensionaler Würfel heißt Strecke. Seinen Rauminhalt nennen wir „Länge", diese bestimmt man mit a.

Ein zweidimensionaler Würfel heißt Quadrat. Seinen Rauminhalt nennen wir „Fläche", diese bestimmt man mit a^2.

Ein dreidimensionaler Würfel heißt Würfel oder Hexaeder. Seinen Rauminhalt nennen wir „Volumen", dieses bestimmt man mit a^3.

Ein vierdimensionaler Würfel heißt Tesserakt oder Hyperwürfel. Seinen Rauminhalt nennen wir Hypervolumen und bestimmen ihn mit a^4.

Ein fünfdimensionaler Würfel heißt auch Hyperwürfel. Seinen Rauminhalt nennen wir auch Hypervolumen und bestimmen ihn mit a^5.

Ein n-dimensionaler Würfel heißt auch Hyperwürfel. Seinen Rauminhalt nennen wir auch Hypervolumen und bestimmen ihn mit a^n.

Uns fehlen die Worte für Dinge, die sich unserer Vorstellungskraft entziehen.

Man kann so vieles theoretisch ganz leicht berechnen. Zwei Ebenen im Vierdimensionalen schneiden sich in einem Punkt. Das würde ich so gerne einmal *sehen*! Aber es geht nicht... Mein begrenzter Verstand kann es nicht fassen und verliert sich im Raum...

Wir sind Getriebene

am Rande der Zeit

- zeitraubende Unendlichkeit -

rastlos im Dunkeln

am Rande des Lichts

gleißende Schwärze

umgibt uns

auf dem Weg

ins Alles

und Nichts.

Das Paket

Der Mann schaut verwundert auf das Paket. Zunächst denkt er an einen Fehler vom Postamt, er sollte kein Paket bekommen, er nicht. Jedoch steht sein Name darauf, in großen deutlichen Lettern. Die Karte mit der Adresse steckt in einem durchsichtigen Plastikumschlag. Ein Absender lässt sich nicht erkennen. Der Mann dreht das Paket in den Händen, es ist quaderförmig, etwa so groß wie ein Laib Brot. Er befühlt die Kanten mit den Fingern, den rauen Karton und das glatte Klebeband. Das Paket zu öffnen liegt ihm fern. Gleich morgen wird er es zur Post bringen und den Fehler aufklären. Niemand sollte solche Pakete bekommen. Es muss alles seine Ordnung haben. Er stellt das Paket neben die Wohnungstür.

Der Mann setzt sich in seinen Sessel und beginnt ein Buch zu lesen. Er kann sich nicht konzentrieren. Seine Gedanken wandern zu dem Paket. Schließlich steht er auf, geht zur Tür und holt das Paket. Er stellt es vor sich auf den Tisch. Es schadet ja nichts, wenn er es hierhin stellt. Gleich morgen wird er es zur Post bringen. Er darf es nur nicht vergessen. Statt in sein Buch schaut er nun auf das Paket.

Er stellt sich vor, es sei für ihn. Eine schöne Frau habe es ihm geschickt. Der Mann kennt keine schönen Frauen. Er fragt sich, wie es wäre, eine schöne Frau zu kennen, überhaupt eine Frau zu kennen. Dann müsste er aber nicht er sein, sondern jemand anderes. Jemand, nach dem Frauen schauen, mit dem Frauen reden. Mit ihm redet nur die alte Verkäuferin vom Gemischtwarenladen. Er hat es aufgegeben, Frauen anzusprechen. Nein, er hat es aufgegeben, sich vorzustellen, Frauen anzusprechen. In Wirklichkeit hat er es noch nie getan, denn Frauen würden ihm sowieso nicht antworten. Wozu also eine ansprechen? Eine Frau hat ihm das Paket also bestimmt nicht geschickt.

Der Mann stellt sich vor, sein Chef habe ihm das Paket geschickt. Als Dankeschön für seine Arbeit, die er tagein, tagaus pünktlich und zuverlässig erledigt. Noch nie hat sich jemand darüber beschwert. Noch nie hat ihn jemand dafür gelobt. Wenn er krank wäre, hätte die Firma ein Problem, doch er ist nie krank, war es noch nie, nicht einen einzigen Tag. Einmal hat er es gewagt, um einen Tag Sonderurlaub zu bitten, um zur Beerdigung seines alten Onkels zu gehen. Sein Chef hat ihn nur missbilligend angesehen. Seitdem hat er nicht mehr gefragt. Nein, sein Chef hat ihm das Paket nicht geschickt.

Der Mann starrt auf das Paket, die ganze Nacht durch. Am nächsten Morgen geht er übermüdet zur Arbeit. Er kann sich auch dort nicht konzentrieren, denkt an das Paket. Sein Chef rügt ihn.

Zuhause nimmt der Mann das Paket und bringt es zur Post. Er will nicht noch einmal deswegen gerügt werden. Auf der Post jedoch will niemand das Paket. Es sei an ihn adressiert, weshalb er es nicht öffne und stattdessen zurückbringe. Es habe schon alles seine Richtigkeit.

Ratlos nimmt der Mann das Paket wieder mit nach Hause. Er zupft am Adressetikett, auf dem unverkennbar sein Name steht. Unter dem Etikett, in der Plastikhülle, befindet sich ein Zettel.

Es ist eine Gebrauchsanweisung.

Der Mann ist erleichtert. Hier wird er endlich eine Antwort auf die Frage erhalten, wie mit dem Paket umzugehen sei.

Leider kann er die Sprache nicht entziffern, einzig die unverkennbare Faltung und die Gliederung des Textes definiert das Papier als Gebrauchsanweisung. Der Mann ist ratlos. Was soll er tun? Den ganzen Abend sitzt er da und starrt statt in sein Buch auf die unlesbare Gebrauchsanweisung.

Am nächsten Tag ist er noch müder. Er hat kaum geschlafen, weil er immer an das Papier mit der Gebrauchsanweisung denken musste. Sein Chef rügt ihn erneut und ermahnt ihn. Der Mann verspricht Besserung.

Nach der Arbeit geht er in eine Buchhandlung. Er kauft Wörterbücher in sämtlichen Sprachen, die die Buchhandlung zu bieten hat.

Die ganze Nacht sitzt er da mit seiner Gebrauchs-anweisung. Er geht Wörterbuch um Wörterbuch durch, Sprache um Sprache. Am Morgen hat er die Hälfte der Wörterbücher durchgearbeitet. Die rich-tige Sprache war noch nicht dabei. Der Mann ruft in der Firma an und meldet sich krank. Zum ersten Mal in seinem Leben tut er das. Er hat ein schlechtes Gewissen, aber er möchte nicht wieder gerügt werden und konzentrieren wird er sich auch heute nicht können. Also tut er lieber so, als sei er krank.

Am Abend ist er fertig mit den Wörterbüchern. Fündig geworden ist er noch immer nicht.

Wieder schläft er schlecht. Da er nicht zwei Tage fehlen will, geht er zur Arbeit. Er kann sich nicht konzentrieren. Der Chef rügt ihn erneut und schimpft ob seiner gestrigen Krankheit.

Der Mann verspricht Besserung.

Nach der Arbeit fährt er mit dem Zug in die Innenstadt. Dort gibt es eine größere Buchhandlung mit einer noch größeren Auswahl an Wörterbüchern. Er kauft noch ein Dutzend.

Am nächsten Morgen vergisst er zur Arbeit zu gehen. Die Sekretärin ruft ihn an, wo er bleibe. Dem Mann ist das egal. Er sei wieder krank, sagt er. Schließlich hat er Wichtigeres zu tun.

Am Abend ist er fertig mit den Wörterbüchern. Fündig geworden ist er immer noch nicht.

Wieder schläft er schlecht.

Am nächsten Morgen geht er zur Bank. Er hebt sein gesamtes Geld ab.

Er nimmt die Gebrauchsanweisung, packt seinen Koffer und steigt in ein Flugzeug.

Der Mann reist kreuz und quer um die Welt, er verbraucht sein ganzes Geld, und als es verbraucht ist, reist er zu Fuß weiter, immer auf der Suche nach der Sprache der Gebrauchsanweisung. Er steigt auf hohe Berge und durchwandert tiefe Täler. Er befragt weise Mönche in einsamen, windumtosten Klöstern und geheimnisvolle Schamanen im feuchten dichten Regenwald. Er befragt die weisesten Professoren der renommiertesten Universitäten und die Ärmsten der Armen in den Favelas und banlieues. Er erforscht jeden Dialekt, jede längst ausgestorbene Sprache. Er lernt mehr und weiß mehr über Sprachen als jemals jemand vor ihm. Er wird alt und älter, sein Leben hat nur ein Ziel, das er nie aus den Augen verliert, für das er lebt und für das er alles gibt und das ihm nicht gelingen will: Die Entschlüsselung der Gebrauchsanweisung.

Alt und schwach, führt ihn seine Reise in eine fremde Stadt. Die Häuser wecken Erinnerungen in ihm. Es ist seine Heimatstadt.

Er findet den Weg zu seiner alten Wohnung, ohne nachzudenken. Plötzlich ist er da, steht vor der Tür, zückt den Wohnungsschlüssel. Er öffnet die Tür.
Auf dem Tisch im Wohnzimmer steht das Paket.
Eine dicke Staubschicht hat sich darübergelegt, die auch auf dem Sessel, dem Tisch, seinen Büchern und der Lampe liegt. Eine dicke Staubschicht liegt auf seinem alten Leben.
Er setzt sich in seinen alten Sessel und schließt die Augen.
Er träumt.
Im Traum erscheint ihm ein greiser Mann. Der hält in Händen die Gebrauchsanweisung.
Er liest sie dem Mann in dessen Sprache vor, so klar und so verständlich, als habe es nie etwas anderes gegeben.

Noch einmal öffnet der Mann die Augen. Er sieht auf das Paket.
Sein Glück sollte darin sein?
Er hätte es nur öffnen müssen… Damals...
Dann schließt er die Augen ein letztes Mal, um in der glücklosen Unendlichkeit unendlich glücklos zu vergehen…

Karlsbrücke - Karlův most

Goldene Statuen,
Blicke von oben herab.
Mächtiger schwarzer Turm,
geometrisches Wunderwerk,
perfekt proportioniert.
Blick von oben:
Kopfsteinpflasterband über blauen Strom.
Weiße Schwanensprenkel.
Schwarze Ameisenmenschen.
Bunte Warentupfer.
Melodische Jazzklänge.

Einlass durch dein schwarzes Tor.
Teilmenge der Vielfalt sein.
Asiaten mit Selfie-Sticks.
Sprachkakophonie.
Halskettenfarbenspiel.
Postkartengalerie.
Regenbogenkunst.
Musikgeklinge.
Atmen, genießen, fließen.
Goldener Hund.
Glück.

45

Purple Haze

Die Beats der Rock-Band schlagen im Rhythmus meines Herzens, meines Bodys, sie schlagen *meinen* Rhythmus.
Beat. Drums. Bass. Drums. Beat.
Purple Haze all in my brain.
Ich bin der Größte. Der König der Welt.
Das rote Licht im dunklen Gewölbekeller pulsiert, ich inhaliere die zigarettenrauchgeschwängerte Luft.
Beat. Drums. Bass. Drums. Beat.
Purple Haze all around.
Ich tanze Pogo. Die Tanzfläche gehört mir. Der Keller gehört mir. Rot. Rauch. Dunkle Schemen.
Ich bin unwiderstehlich. Sexy. Baby, mach mich an!
Beat. Drums. Bass. Drums. Beat.
Purple Haze all in my eyes.
Augen geschlossen.
Mind-blowing.
Beat. Drums. Base. Drums. Beat.
Mit roten Schwingen durch die wabernde Luft.
Sturzflug.
Knock-out.

-

Sanft säuselnder Wind.
Rauschende Baumwipfel. Vogelgesang.
Sehnsüchtiger Blick durch schmutziges Glas.
Verstaubte Gesetzestexte.
Darauf ein tanzender Sonnenstrahl.
Frei. Leuchtend. Ungezwungen.
Ich hasse Jura.
Ich sitze im goldenen Käfig der Erwartungen.

Ich wäre lieber wie Jimi Hendrix.

Live fast. Love hard. Die young.

Am Himmel klimpert Lucy verheißungsvoll mit Diamanten.

„Heute Abend?", raunt sie mir zu.

Danksagung

Auf diesem Weg möchte ich einigen Menschen
herzlich danken:
Meinem verstorbenen Vater Erhard, der die Liebe
zur Literatur und zum Schreiben in mir geweckt hat
– ich vermisse unsere angeregten Gespräche über
Bücher in lauen Sommernächten auf der Terrasse
oder kalten Winterabenden vor dem Kamin,
meiner Mutter Reinhilde, die mich immer
unterstützt, jede meiner Lesungen besucht und
unermüdlich Werbung für meine Bücher macht,
meinen Söhnen Johannes, Anton und Sebastian, die
mit reger Anteilnahme jede meiner Geschichten
verfolgen,
den Mitgliedern des Skriptoriums, deren
wertschätzende Kritik viele Geschichten und
Gedichte erst zu dem gemacht hat, was sie sind,
allen Menschen, die mich inspiriert haben,
und nicht zuletzt Ihnen, die das Buch gekauft und
vielleicht auch gelesen haben – ich hoffe, es hat
Ihnen Freude bereitet!